DIE STRASSE DER ROMANIK

Sebastian Kaps und Michael Pantenius

DIE STRASSE DER ROMANIK

mitteldeutscher verlag

Fünf Dutzend Ferien- und Touristenstraßen ziehen sich durch Deutschland. Mal gelten sie Alleen und schönen alten Fachwerkbauten, mal dem Wein, dem Bier, dem Spargel und den Märchen, der Prinzessin Sisi, auch den Feen … In Sachsen-Anhalt ist es vor allem eine, auf der Jahr für Jahr Touristen aus Deutschland, ganz Europa, ja, aus aller Welt unterwegs sind: die 1993 gegründete Straße der Romanik. Sie ragt heraus aus dem schwer zu überschauenden Angebot im Ferienland zwischen Rügen und den Alpen, dem Rhein und dem Oderbruch, denn sie bietet mehr als das unverbindlich-fröhliche Genießen und »normale« Schauvergnügen. In der Krypta des Klosters Memleben, auf der Neuenburg hoch über Freyburg, in den Domen zu Naumburg, Zeitz oder Havelberg, wie in der ersten Kathedrale auf deutschem Boden, im Dom zu Magdeburg, auf dem Burgberg zu Quedlinburg und in den Back- und Feldsteinkirchen der Altmark gewinnt die Geschichte Deutschlands anschauliche, nacherlebbare Gestalt. Hier erhält sie Namen und Gesicht.

Im Land an Elbe, Saale und Unstrut, im Harzraum liegen die Wurzeln der deutschen Nation. Nicht jeder will es wahrhaben, aber es ist unbestreitbar: Die Sachsen sind der tüchtigste deutsche Volksstamm, er besitzt die ältesten Traditionen. Schon Ptolemäus (um 150 nach Christi) nennt den Stamm bei seinem Namen: »saxum«. Die Sachsen haben sich über Jahrhunderte in harten Kämpfen wider die Franken im Westen und die Slawen im Osten behauptet. Sie haben riesige Gebiete erobert und ihr Territorium dann doch zersplittert. In der Rückschau bietet Sachsen geografisch wie politisch das Bild eines bunten Flickenteppichs: Ein altes Herzogtum, eine Pfalzgrafschaft, das Kurfürstentum, das Königreich, eine preußische Provinz und rund ein Dutzend kleine Herzogtümer im Thüringischen. Heute gibt es drei Bundesländer, die den Namen führen: den Freistaat Sachsen, Niedersachsen und Sachsen-Anhalt.

Die frühen Bauten deutscher Geschichte, die noch erhaltenen beziehungsweise restaurierten Kirchen, Klöster, Pfalzen und Burgen aus der Epoche zwischen dem 9. und frühen 13. Jahrhundert sind im Wesentlichen zwei Männern zu danken: dem Sachsenherzog Heinrich (um 876–936) und seinem Sohn Otto. Heinrich wurde 919 zum ersten deutschen König gekrönt, der seine Macht behaupten konnte. Otto, genannt der Große (912–973), folgte ihm als König; er wurde später der erste Kaiser der Deutschen. Die ottonischen Herrscher regierten bis 1024, ihnen folgten als römisch-deutsche Herrscher bis 1125 die Salier. Nach dem Sachsen Lothar III. (1075–1137) regierten bis 1268 die Staufer, da war die Baukunst der Romanik weitgehend Geschichte; der neue Stil, die Gotik, wurde auch im Osten des Reiches allenthalben sichtbar.

Die Straße der Romanik verbindet zwischen Arendsee im Norden und Zeitz im Süden 73 Orte und 88 Sehenswürdigkeiten. Jede von ihnen ist einen Besuch wert. Doch der Gast wird sich entscheiden müssen, und auch hier kann nur auf die prägnantesten aufmerksam gemacht werden. Offiziell gibt es eine Nord- und eine Südroute, zusammengenommen ergibt sich eine Strecke von 1.200 Kilometern. Alles sehen? Es ist möglich, aber wer alles sehen will, sieht weniger, nimmt weniger im Herzen mit.

Beginnen kann man überall, und es ist schwer zu sagen, wo der Kunstgenuss und der Gewinn an Einsicht und Verständnis für unser So-geworden-Sein am größten sein kann. Eines wird jeder feststellen: Die Baumeister, die Steinmetze und Bildhauer des »Goldenen Zeitalters« – so nannte der Vater der mitteldeutschen Geschichtsschreibung Thietmar von Merseburg (975–1018) die etwas mehr als ein Jahrhundert währende Herrschaft der Ottonen – waren begnadete Künstler. Auch wer nur einige Gotteshäuser, Klöster und Burgen an der Straße der Romanik besucht, sie besichtigt und sich bemüht, das Augenscheinlichste mit seinen Sinnen zu erfassen, wird diesem Urteil zustimmen. Was wirklich wichtig ist, muss jedermann für sich entscheiden. Das können das Kapitell am oberen Abschluss einer schlanken Säule sein oder das geheimnisvolle Dämmerlicht in einer Krypta, die wuchtigen Pfeiler einer Arkadenreihe, auch ein Grabstein, auf den durch die Obergaden einer Kirche ein Sonnenstrahl fällt ... Es gibt unendlich viele Möglichkeiten. So oder so: Der Besucher der Bauwerke an der Straße der Romanik steht vor Kunstleistungen, die in ihrer Harmonie und schlichten Schönheit nur wenige Beispiele in Deutschland

Blick ins Saaletal, im Hintergrund die Rudelsburg und Burg Saaleck

haben. Mächtige, oft ein Jahrtausend alte Mauern, gewaltige Türme, vollendete Rundbögen, die die ganze Epoche kennzeichnen; wuchtige Pfeiler, weite und enge Portale, schlanke Säulen, plastische Friese, reich geschmückte Kapitelle und steinerne Bildwerke ... Der Eindruck ist fast immer überwältigend.

Die Straße der Romanik ist Teil der Transromanika, der großen Kulturstraße des Europarates, die neun Länder von der Ostsee bis zum Mittelmeer verbindet und an die gemeinsame Geschichte unseres Kontinents erinnert.

Ausgehen von der Landeshauptstadt Magdeburg? Das wird oft empfohlen, und das hat schon seinen Reiz: Hier gibt es gleich vier Zeugen der mittelalterlichen Baukunst zu bewundern. Die frühesten aber liegen an der Unstrut, in MEMLEBEN, das einst – wenn es sie denn hätte geben können – die erste Hauptstadt Deutschlands war. Zuvor besaßen hier bereits die Karolinger einen befestigten Hof.

Wir wissen nicht, wie oft König Heinrich I. hier geweilt hat. Aber wir wissen, dass Memleben zu seinen Lieblingsaufenthalten zählte, denn er war ein Reisekönig, dessen Macht nur anerkannt war, wenn er sich überall im Lande zeigte und seine Macht anschaulich ausübte, also Ämter vergab, Streitfälle entschied, Rechnungen prüfte ... In Memleben stand eine Pfalz, ein fester Platz, der ihm und seinem Gefolge diente. In Memleben ist er gestorben. Hier wurde – so will es die Legende – sein Herz begraben, sein Körper aber nach Quedlinburg überführt und dort in der Stiftskirche St. Servatius beigesetzt. Das Vorgehen war so ungewöhnlich nicht. Trauerfeiern großer Herrscher zogen sich über Wochen hin, möglichst vielen Vasallen musste die Möglichkeit gegeben werden, vor dem aufgebahrten Leichnam Abschied zu nehmen und dem neuen Mann die Treue zu schwören.

Die Krypta in Memleben ist ein kleiner Raum. Sie liegt nur knapp einen Meter tief unter der Apsis der mehrfach umgebauten hochmittelalterlichen Kirche des Benediktinerklosters, das Otto II. (961–983)

Memleben: Vom mittelalterlichen Benediktinerkloster, gegründet 979, blieb nur eine malerische Ruine, zuvor lag hier eine bedeutende Pfalz der Ottonen. In ihr starben Heinrich I. und Otto I.

Memleben, Krypta des ehemaligen Benediktinerklosters St. Marien

im Jahre 976 stiftete. Die Kirche wurde erst im 16. Jahrhundert schrittweise zur Ruine. An ihren Resten hat sich kein weiterer Baumeister versucht, sie wurden aber seit dem 19. Jahrhundert gesichert. Original sind die Mauern der Krypta und die das Gewölbe stützenden Säulen mit ihren Kapitellen, die Tiere und Ornamente zeigen. Die wunderbare Atmosphäre blieb erhalten, trotz aller Stürme der Geschichte. Von der Marienkirche, die Heinrichs Sohn Otto am Sterbeort seines Vaters ab 942 errichten ließ, sind nur noch Fragmente sichtbar, unter anderem das Kaisertor: Es heißt so, weil Otto I. da hindurchgegangen ist. Diese Kirche war einmal die größte des Reiches und nur wenig kleiner als der später errichtete Dom in Magdeburg. Ihr Grundriss ist erkennbar und kann ausgeschritten werden. Unter diesem Gotteshaus – vielleicht in einem Sakralbau der Kaiserpfalz, deren Lage bislang nicht eindeutig zu bestimmen ist – ruht das Herz Ottos, sein Körper aber im Magdeburger Dom. Beiden Herrschern – Heinrich, Otto und ihren Gemahlinnen – kann man in Memleben noch heute begegnen: Ihre Gestalten werden bei feuchtem Wetter an den Innenseiten der Mittelpfeiler der längst dachlosen Kirche in schemenhaften Gemälden sichtbar. Vor den malerischen Ruinen wurde ein Garten angelegt, in dem sich Blumen finden, die hier bereits vor tausend Jahren blühten. Dort darf man sitzen, und es ist kaum möglich, hier nicht über die Vergänglichkeit aller menschlichen Werke nachzusinnen.

Rund um Memleben liegen weitere Stationen auf der Straße der Romanik: die Margaretenkirche in *Bad Bibra*, die *Eckartsburg in Eckardtsberga* und die *Dorfkirche St. Lucia in Flemmingen*. Nirgends sonst ist die Konzentration an Bauten der Romanik größer als in der südlichsten Region des Bundeslandes Sachsen-Anhalt.

Von überragender Bedeutung ist die NEUENBURG HOCH ÜBER FREYBURG. Sie wurde ab 1090 erbaut und sicherte gemeinsam mit der Wartburg im Westen das Land der Ludowinger nach Osten.

Portal der Margaretenkirche in Bad Bibra, Ortsteil Steinbach (oben links), Eckartsburg in Eckartsberga (oben rechts) und die Reste der 972 erstmals genannten Königspfalz in Tilleda, im Hintergrund der Kyffhäuser

Freyburg, Obergeschoss der Doppelkapelle der Neuenburg, bemerkenswert die Zackenbögen, die an maurische Bauformen erinnern

Freyburg, die Neuenburg über den Weinhängen des Unstruttals

Freyburg, spätromanischer Rundturm der Neuenburg – genannt »Dicker Wilhelm«

Und sie war, weil von den noch slawisch besiedelten Gebieten jenseits von Unstrut und Saale noch immer erhebliche Gefahren für das Reich ausgingen, auch die wehrhafteste, siebenmal größer als die Wartburg! Die Ludowinger waren Pfalz- und Landgrafen und Vasallen der deutschen Könige und Kaiser, zunächst unter der Oberherrschaft der Ottonen, später dann der Salier. In ihrer Neuenburg können heute drei romanische Bauphasen nachgewiesen werden, die wichtigste liegt zwischen 1190 und 1227. In dieser Zeit entstand die berühmte Doppelkapelle, die neben den gleichartigen in Nürnberg, Eger und *Landsberg bei Halle* die bedeutendste ist. Sie zeichnet eine einmalige Besonderheit aus: Allein die Einwölbung der oberen Kapelle mit vier Kreuzgratgewölben auf einer vierfach gebündelten Mittelsäule aus schwarzem Marmor und die Ornamentik der Kelchblockkapitelle ist schon meisterlich, dazu kommt aber: Die Gurtbögen des Gewölbes zeigen einen gezackten Rundbogenfries, der orientalische Einflüsse verrät. Wie kam das? Darüber haben Generationen von Kunstwissenschaftlern gerätselt. Hat der Baumeister – man vermutet einen niederrheinischen Künstler – an einem Kreuzzug teilgenommen? Man weiß es nicht. Die Steinmetze, Bildhauer – alle Künstler und Bauleute dieser Zeit traten hinter ihr Werk zurück, sie schufen ihre Arbeit zur höheren Ehre Gottes und sahen in ihren Namen Schall und Rauch. Und noch eine Besonderheit: Die untere Kapelle – der Platz für die Burgmannen und das Gesinde – besitzt statt der üblichen flachen Balkendecke ein Kreuzgratgewölbe und Säulen mit Würfelkapitellen und Schachbrettfriesen. In diesem Gotteshaus betete Elisabeth von Thüringen (1207–1231), die viele Jahre auf der Neuenburg gelebt hat. Der Besucher der Doppelkapelle sieht im Vorraum eine Statue der Heiligen, geschnitzt aus Lindenholz, geschaffen wurde sie im Jahr 1360.

Die Macht der Landgrafen und die Stellung der Burg im Reichsverband lässt sich auch ablesen an der kulturellen Atmosphäre in dieser einstmals glanzvollen Residenz. Hier hat der Minnesänger Heinrich von Veldeke (vor 1150 bis etwa 1190/1200) gelebt und seine berühmte »Eneit« (Eneas-Roman), das erste ritterliche Versepos in deutscher Sprache zu Ende geschrieben. Und Gedichte! »Schöne Fraue, / Der ich traue, / Lass mich bleiben dein, / Aber sei du mein.« Wäre er eingeladen worden, wenn nur die Lust an Kampf und Streit das Herz der Herrschenden erfüllt hätte? Das Mittelalter wird von heute aus gesehen oft als »finster« bezeichnet. Nein, da gab es neben dunklen Schatten auch Licht, sehr helles Licht, das strahlt bis in unsere Gegenwart.

Dort, wo Heinrich von Veldeke sang und schrieb, findet nun jährlich im Juni das internationale Festival der mittelalterlichen Musik »Montalbâne« statt. Dann erklingen Vokalgesänge, und das Spiel der Lauten, Harfen, Krummhörner, Pfeifen und Schalmeien in den Gewölben und Höfen und schwebt den steilen Hang hinab zur Unstrut.

Wer Zeit mitbringt, sollte die Haupträume der Burg besichtigten und auch die anderen Gebäude. Er begibt sich auf eine Zeitreise durch die deutsche Burgenbaugeschichte. Im Wohnschloss der Sachsen-Weißenfelser Herzöge aus dem Haus Wettin (1485–1746) befinden sich zahlreiche Sehenswürdigkeiten, doch etwas abgelegen verblieb noch ein erhaltenes, ganz seltenes Zeugnis der Romanik im Gemäuer: Ein – so man es denn wollte – funktionstüchtiger Abort-Erker, wie er vor eintausend Jahren auf Burgen üblich war.

Auf der Neuenburg gibt es wie auf allen Burgen Restaurants, Läden, Ferienwohnungen und natürlich Mittelaltermärkte, Ritterspiele ... Warum auch nicht. Mit der Vergangenheit in der Gegenwart leben – das zieht jährlich viele Tausend Menschen an.

Von den Zinnen der Neuenburg, vom Platz vor der Mauer über der Unstrut und auch vom Bergfried »Dicker Wilhelm«, der heute das Wahrzeichen der Neuenburg ist (erbaut um 1200), sieht der Besucher im Westen die KLOSTERKIRCHE ZSCHEIPLITZ auf dem Martinsberg liegen. Entstanden im 12. Jahrhundert, ist sie mit der Geschichte der Neuenburg verknüpft und mit einem sagenhaften Helden, Ludwig

Zscheiplitz, Kirche des ehemaligen Benediktinerklosters

Das Saaletal bei Goseck

dem Springer, von dem es heißt, er hätte um der Liebe willen skrupellos gemordet.

Östlich, bereits an der Saale, liegt SCHLOSS GOSECK. An seiner Stelle stand einst die älteste Burg an der Saale. Trotz umfangreicher Rekonstruktions- und Sanierungsarbeiten ist von ihr und vom im 10. Jahrhundert gegründeten Kloster auf den ersten Blick wenig geblieben, auch von den späteren Bauten, darunter ein Wohnschloss. Bei einer Führung wird es offenbar: Das Altarhaus und das Querhaus der 1053 geweihten Klosterkirche, die Krypta (in der nur ein Pfeiler das tonnenschwere Gewölbe trägt!) und der südwestliche Turm mit einer Kapelle im Obergeschoss sind rein romanisch.

Gegenüber, am anderen Ufer der Saale, liegt die SCHÖNBURG, die erst 1157 urkundlich erwähnt wurde. Vermutlich ist sie älter. Wie auf alle, die nahe *Burg Saaleck* und die *Rudelsburg*, die ebenfalls an der Straße der Romanik liegen und deren Besuch nachdrücklich empfohlen werden soll, trifft auch auf sie der Text des Volksliedes zu: »An der Saale hellem Strande / Stehen Burgen stolz und kühn / Ihre Dächer sind verfallen / Und der Wind streicht durch die Hallen / Wolken ziehen drüber hin.« Trotz der Um- und Neubauten unter dem Regime der Bischöfe von Naumburg (13. Jahrhundert bis etwa 1564) und in kurfürstlicher Zeit (bis 1815) ist die mit Zinnen bewehrte Mauer über dem steilen Hang hinab zur Saale noch original: Über dem Durchgang zum Altan über dem Fluss ist ein frühchristliches Symbol eingelassen, ein Motiv, das es nirgends mehr in der Region gibt. Dieses Symbol nutzten bereits die Römer. Es bedeutete: Sechs Tage Arbeit, einen Tag Ruhe und einen Tag für die Ewigkeit. Wer es auf seinem Grabstein hatte, dem war die ewige Seligkeit sicher.

Schloss Goseck entstand auf den Mauern der ältesten Burg an der Saale

Schönburg im Saaletal

Rudelsburg, im Hintergrund Burg Saaleck

Die Rudelsburg und Burg Saaleck auf den
Höhen über der Saale

Blick in das Saaletal

Ruhe, Ewigkeit ... Nicht wenige Bischöfe von Naumburg verstanden trotzdem gut zu leben – hier und auf der Rudelsburg. Wer Näheres wissen will, muss sich nur abends in die Burggaststätte setzen, da tragen bei mittelalterlichen »Tafelfreuden« und entsprechender Musik »fahrende Sänger« einschlägige Histörchen vor. Da weiß man dann: So etwa ging es zu im Palas aus dem 12. Jahrhundert, in dessen Mauerrest noch zwei romanische Drillingsfenster von den alten Zeiten künden.

Historiker und Archäologen wissen, dass es im Mittelalter in Europa wahrscheinlich 40.000 Burgen gegeben hat. Auf dem Gebiet des heutigen Sachsen-Anhalt standen etwa eintausend; besichtigen kann man nur noch 27. An die verschwundenen erinnern unter anderem Naumburg, Merseburg, Bernburg und Magdeburg wie sechzehn weitere Städte mit dem Wort »Burg« in ihren Namen.

NAUMBURG ist seit Jahrhunderten berühmt durch den ab 1029 erbauten Dom St. Peter und Paul, der unbestritten ein Höhepunkt an der Straße der Romanik ist. Zu ihm führt eine Kopfsteinpflaster-Straße – ringsum kein Neubauglanz.

Seit 2018 zählen der Dom und sein näheres Umfeld zum Weltkulturerbe der UNESCO. Bauzeugen der Romanik sind in ihm zu sehen, ins Auge aber fallen an dieser bedeutenden Kathedrale des Hochmittelalters zunächst die Leistungen des späten 13. Jahrhunderts, also die durch die Gotik geprägte äußere Gestalt, im Inneren dann der frühgotische Westlettner mit den ausdrucksstarken Figuren. Die Bürger des mittelalterlichen Naumburg erscheinen da in ihrer aktuellen Kleidung als Zeitgenossen Jesus. So wurde Identifikation möglich, und so kommt auch uns die da erzählte Geschichte näher. Vielleicht auch, weil die ganze Szenerie farbig, beinahe bunt gefasst ist. Einst waren – das ist hinreichend belegt – alle Gotteshäuser ausgemalt, weiße Wände gab es nicht, und sie waren zudem reich ausgestattet mit zahlreichen Altären, Wandteppichen, Fahnen ... Der heu-

Naumburger Dom St. Peter und Paul,
Blick ins Mittelschiff nach Osten (links),
Stifterfiguren Ekkehard II. und Uta von Ballenstedt im Westchor des Doms (rechts)

Naumburger Dom St. Peter und Paul von Südosten

Der romanische Ostlettner des Doms –
ältestes erhaltenes Beispiel eines Krypten-
Hallenlettners

tige Besucher hinterfragt nur selten die Steinsichtigkeit der Wände, Säulen und Kapitelle, die bewundernswürdige Formenvielfalt, die Ornamentik, die Figuren, alles ist herausgearbeitet aus dem Kalk- und Sandstein der Region, selten aus Granit und Marmor. Die Steinsichtigkeit bietet den Vorteil, dass nichts den Blick ablenkt, dass nun alle Strukturen und Formen und der in ihnen liegende Sinn, die zeitlose Ästhetik deutlicher zutage treten.

Kein Besucher wird versäumen, den Westchor zu betreten. Um die zwölf überlebensgroßen Stifterfiguren, adlige Männer und Frauen, die viel gaben, um ihrem Gott ein Haus zu bauen, ranken sich Mythen, und seit Jahrhunderten beschäftigen sich mit ihnen sogar Philosophen. Haben Ekkehard II. und seine Gemahlin Uta von Ballenstedt (längst wird die hohe Frau »Uta von Naumburg« genannt) so ausgesehen? War sie die »schönste Frau des Mittelalters«? Was ist ihr Geheimnis? Wer will das sicher wissen? Hat sie gelitten unter ihrem Mann, der zumeist mit dem Schwert »arbeitete« und selbst vor Mord an seinen Verwandten nicht zurückschreckte? Ihre Mimik, ihre Gestik lassen diese Deutung zu. Und Reglindis? Schaut die polnische Prinzessin und Markgräfin von Meißen fröhlich oder blickt sie etwa schadenfroh auf Uta?

Die Plastiken von der Hand eines unbekannten Künstlers entstanden in hochgotischer Stilisierung zweihundert Jahre nach dem Tod der Stifter. Dennoch: Alle Gestalten künden kraft der Einfühlung des »Naumburger Meisters« von allen Regungen des menschlichen Gemüts – Trauer und Schmerz, Stolz, Standhaftigkeit und Eigensinn, Hoffart und Niedertracht sind hier im Stein gespiegelt. In Uta, Gerburg, Berchta und anderen Stiftern begegnet uns Adel in seinem ursprünglichen Verständnis: Von Adel sein manifestiert sich nicht als elitäres Haben, Prunken und Prahlen, sondern als Haltung und Verpflichtung, das Gemeinwohl zu fördern, ihm zu dienen, Vorbild zu sein.

Schulpforta, südlicher Teil des Kreuzgangs des ehemaligen Zisterzienserklosters Sancta Maria ad Portam

Der Dom ist reich an Ausstattungsstücken aus mehreren Jahrhunderten. Sie laden den Besucher zu einem längeren Verweilen ein. Da sind die farbigen Fenster im Westchor, die zusammen mit den Stifterfiguren entstanden sind. Die biblische Geschichte erscheint in kräftigem Blau, Rot, Gold ... Sonnenlicht fällt durch die Scheiben: Lux und Ljumen – das weltliche und das göttliche Licht. So himmlisch strahlend polychrom war das gedacht, und so hell und anziehend wirkt die zugrunde liegende Idee noch immer.

Die kostbarsten Schätze werden im größten romanischen Gewölbe Mitteldeutschlands unter dem westlichen Flügel des Kreuzgangs präsentiert – sakrale Kunstwerke von höchster Seltenheit. Rein romanisch ist auch der Ostlettner, der einzige Hallenlettner in Deutschland, und die dreiteilige Krypta unter dem Ostchor, erbaut etwa um 1160. Sie gilt als eine der letzten großen Leistungen dieser Zeit. Reich profilierte Säulen mit Würfelkapitellen tragen das Gewölbe der niedrigen Halle. Schaut man sich im Gotteshaus eingehender um, entdeckt man auch an der Außenfassade weitere Zeugnisse der Romanik: Dazu gehören im Mauerwerk typisch romanische Elemente, darunter die rundbogigen Doppelfenster in den beiden Osttürmen, Lisenen, Rundbogenfriese und offene Rauten. In der spätromanischen Vorhalle des südlichen Vorschiffs hat sich über einem Säulenportal ein Tympanon erhalten. Es zeigt Christus in der Mandorla, begleitet von zwei Engeln.

Weitere eindrucksvolle Leistungen der Baumeister der Romanik finden sich unmittelbar neben dem Dom, so die Kapelle der Ägidienkurie, ein Wohnturm und – nur wenige Kilometer entfernt im heute eingemeindeten Schulpforte, im ehemaligen KLOSTER SCHULPFORTA. Es unterstand seit seiner Gründung um 1137 den Naumburger Bischöfen und besitzt unter anderem mit seinem zweischiffigen Kreuzgang ein sehr seltenes Zeugnis romanischer Baukunst.

Schulpforta, Langhaus der ehemaligen Klosterkirche in Richtung Osten, Baubeginn 1136/37, der Bau zeigt noch die romanischen Ursprünge, ist aber von den Veränderungen der Gotik aus dem 13. Jahrhundert geprägt (links); Blick in das nördliche Seitenschiff der Klosterkirche (rechts)

Zeitz, ottonische Krypta des Doms St. Peter und Paul

Naumburg verdankt seinen Aufstieg zur Bischofstadt und den damit verbundenem Bau des Doms slawischen Stämmen, die südöstlich von Saale und Unstrut Ende des 10. Jahrhunderts noch stark und aggressiv erschienen. In ZEITZ waren bereits 968 ein Bistum und eine schlichte Kirche errichtet worden. Geschützt wurde die Gründung von einer Königsburg, doch 1028 schien es angezeigt, zumindest den Bischofsitz in eine weniger gefährdete Gegend zu verlegen. Naumburg bot sich an. Die Zeitzer aber gaben nicht auf, sie bauten sich in ihrer Burg eine romanische Basilika, die Basis für den heutigen Dom entstand. Auch in ihm haben Teile dieser frühen Gründung überdauert. Dazu zählt die Krypta, die eine der ältesten in Deutschland ist. In ihr stehen dreizehn Prunksärge der herzoglichen Familie der Zeitzer Linie der Wettiner. Sie hat von 1657 bis 1718 regiert. Der Dom, im 15. und 17. Jahrhundert schwer zerstört, wurde bis in die Barockperiode mehrfach umgebaut, doch man erkennt, dass von den späteren Meistern alte Bauteile verschiedentlich integriert worden sind, aus welchem Grund auch immer. Ehrfurcht vor dem Erbe? Zweckmäßigkeit? Die adligen Bauherren und die begüterten Bürger verfuhren nach ihren profanen Möglichkeiten. Wer offenen Auges durch Zeitz und weitere Städte an der Straße der Romanik, auch durch die Dörfer geht, sieht in den Fundamenten mancher Häuser schöne alte Werksteine vermauert, die aus längst verschwundenen Bauten stammen. Da treffen die Verse eines unbekannten Dichters zu: »Wer in der Gegend bauet / der nimmt sich für sein Haus / aus der verfallenen Mauer / den schönsten Stein heraus.«

Das Problem der Zernutzung und Plünderung alter Bauten zeigt sich auch an anderen Orten. Die älteste Burg an der Saale, der GIEBICHENSTEIN in Halle, wurde nach ihrer Zerstörung im Dreißigjährigen Krieg vollkommen abgerissen und das Material in einer bischöflichen Residenz am Fuß des Felsen verbaut. Auf dem Felsen über der Saale steht nur noch ein Bergfried, doch der Aufstieg lohnt sich: Die

Halle (Saale), Burg Giebichenstein, 961 erstmals erwähnt

Petersberg, Blick auf das mächtige Westwerk der Klosterkirche des ehemaligen Augustiner-Chorherrenstiftes St. Petrus, 1124 Gründung durch Graf Dedo IV. von Wettin und Markgraf Konrad von Meißen (oben); das Mittelschiff der Stiftskirche St. Petrus in Richtung Osten (unten)

Aussicht ins Saaletal ist weithin berühmt – der romantische Dichter Joseph von Eichendorff hat sie besungen.

Einen weiten Blick ins mitteldeutsche Land gewährt auch der PETERSBERG BEI HALLE mit der Stiftskirche St. Petrus. Er ist, wenn man in Richtung Osten schaut, mit seinen nur 250 Metern Höhe über Null die höchste Erhebung bis zum Ural. Vielleicht war diese exponierte Lage der Grund für den Ahnherrn der mächtigen Adelssippe der Wettiner, deren Stammburg nicht weit entfernt im gleichnamigen Ort an der Saale liegt, auf seinem Gipfel ihr Hauskloster zu errichten. Die Kirche wurde bis 1184 im hochromanischen Stil erbaut und blieb bis heute in ihrem ursprünglichen Gesamtbild komplett erhalten. Das zeichnet sie vor den meisten Gotteshäusern an der Straße der Romanik aus. In ihr wurden zehn Mitglieder des Wettiner Hauses bestattet; die Grabplatten aus der Mitte des Langhauses befinden sich heute an den Längswänden. Einziges Ausstattungsstück aus späterer Zeit ist das barocke Kenotaph (Scheingrab) im rechten Seitenschiff. Kurfürst August von Sachsen hat es zur Erinnerung an seine Vorfahren 1567 errichten lassen.

Die Stammburg der Wettiner besitzt keine nennenswerten Bauzeugen aus ihren Gründungsjahren, sie wurde bis zum 19. Jahrhundert vollständig überbaut. Andere bieten annähernd ihr originales Bild, so die bereits 866 (!) erwähnte gewaltige Anlage der »Curnfrudeburg« in QUERFURT. Sie ist wie die Neuenburg siebenmal so groß wie die legendäre Wartburg. Trotz vieler Schicksalsschläge im Laufe der Jahrhunderte, also Belagerungen, Wechsel der Besitzer und so weiter, die auch hier nicht ausblieben, hat sich an der Burgkapelle, erbaut 1175, niemand grundlegend vergriffen. Wesentliche Teile ihrer Architektur sind noch rein romanisch, so der kreuzförmige Ostteil mit den drei Apsiden, der Vierungsturm und die Pfeilerarkaden auf der Westempore. Von den Bergfrieden des 12. Jahrhunderts stehen immerhin noch zwei, der runde »Dicke Heinrich« und der quadratische Marter-

Burganlage Querfurt, Ansicht von Westen

Burg Querfurt

Kirche der Burganlage Querfurt aus dem frühen 12. Jahrhundert

Die romanische Kirche der Burg Querfurt ist durch barocke Umbauten gekennzeichnet. Die Ausmalung erfolgte von 1716 bis 1719 durch den Italiener Francesco Domenico Minetti.

Sangerhausen, Pfarrkirche St. Ulrich, die Proportionen und der Grundriss der Kirche haben einen starken Bezug zu Kirchenbauten in der Normandie und der Auvergne

Klostermansfeld, ehemalige Benediktinerklosterkirche Mariae Himmelfahrt nach 1158 als dreischiffige flachgedeckte Basilika errichtet

Schloss Allstedt

turm. Die Rolle der gewaltigen Gesamtanlage erschließt sich am besten bei einem Rundgang um die Mauern.

SCHLOSS ALLSTEDT liegt nicht allzu weit entfernt. Die Burg am gleichen Ort taucht schon gegen Ende des 9. Jahrhunderts als königliches Tafelgut in der geschriebenen Geschichte auf. Sie war von 935 bis 1200 Kaiser- und Königspfalz, hier fanden sogar Reichstage statt. Vom Glanz der frühen Jahre ist bis auf einen romanischen Turmstumpf kaum etwas geblieben, denn jeder neue Besitzer baute gründlich um. Das war wohl immer so, historisches Bewusstsein ist eine rare Sache, und Denkmalpflege gibt es erst seit knapp 200 Jahren. Die diesbezüglichen Gesetze sind weit jünger. Doch immerhin: Schloss Allstedt hat einen hohen Schauwert, hier ist zum Beispiel eine der größten mittelalterlichen Burgküchen in Europa zu sehen – wenn man Glück hat, ist sie in Funktion. In der nahen *Pfalz Tilleda* urkundeten ab 972 die Kaiser.

Auch in MERSEBURG stand bereits im 10. Jahrhundert eine wehrhafte Pfalz. Von hier aus zog König Heinrich I. in die Schlacht von Riade (933), in der er die ins Reich eingedrungenen ungarischen Heere vernichtend schlug. Wo lag Riade? Niemand weiß es mit Sicherheit zu sagen, aber es gibt manche Theorie. Am wahrscheinlichsten ist die, welche Riade dicht bei Merseburg in den Sümpfen der Weißen Elster verortet, also im Ried längs des Flusses, der noch heute oftmals gefährlich strömt und die Auen hin zur Saale überschwemmt.

Während des so gewonnenen Friedens, er währte bis zur siegreichen Schlacht seines Sohnes Otto I. auf dem Lechfeld (955), wurde gemäß der Burgenordnung die Verteidigungslinie an Unstrut, Saale und Elbe weiter verstärkt. Auf der Merseburg begann man 1015 mit dem Bau eines Doms, der im Bistum (968–981/1004–1565) eine prägende Rolle spielen sollte. Er ist nach verschiedenen Aus- und Umbauphasen heute ein Gesamtkunstwerk, das sowohl von der Romanik, der Gotik als auch vom Barockzeitalter geprägt ist. Die Krypta unter

Merseburger Dom St. Johannes und St. Laurentius zusammen mit dem Schloss über dem Hochufer der Saale

Merseburg, Portal der Neumarktkirche
St. Thomas mit seiner bemerkenswerten
Knotensäule

dem Chorquadrat und der Apsis stammt noch aus der ersten Bauphase. Erhalten sind Halb- und Dreiviertelsäulen, Pfeiler und Bündelpfeiler. Der ursprüngliche Eindruck beruht auf einem seltenen Kunstgriff der Baumeister: Die Kämpfer der Pfeiler bestehen aus rötlichem Sandstein, die Pfeiler selbst aus hellem Kalk- oder grauem Sandstein. Ein unverwüstlicher Kontrast, denn von der früher vielleicht vorhandenen Ausmalung der Wände ist – wie überall – nichts mehr zu sehen. Am gesamten Bau kann man die frühromanische Phase gut erkennen, denn die ältesten Mauern sind aus großen Quadern aufgeführt, die späteren aus behauenen Werksteinen. Auch in diesem Dom ist ein Gesamtrundgang unerlässlich. Unter anderem kommt man dabei zum Grab Rudolfs von Schwaben (um 1020–1080). Der Gegenkönig Heinrichs IV. wurde in der Schlacht bei Hohenmölsen schwer verwundet; ihn deckt die älteste Bildnisgrabplatte der europäischen Kunstgeschichte. Im Domschatz wird seine mumifizierte Hand ausgestellt, die Schwurhand, die ihm abgeschlagen wurde – er starb an der Verwundung.

In Merseburg kündet auch die NEUMARKTKIRCHE von der großen Zeit der romanischen Baukunst. Die Bögen des Portals werden von Säulen getragen, deren Kapitelle Blatt- und Blumenornamente zeigen: Sie symbolisieren die Lebenszyklen, denen auch der Mensch unterworfen ist, Geburt, Blütezeit und Vergehen.

Merseburg lag im 10., 11., auch noch im 12. Jahrhundert an der »Heidenfront« – die Ottonen und ihre Nachfolger besaßen aber eine Rückzugslinie. Das war der Harz. Straßen durch das dicht bewaldete Bergland gab es erst Jahrhunderte später. Hierher traute sich kein Feind. Dennoch entstanden bereits im Vorland des Gebirges Burgen, Klöster und Kirchen. Dazu zählten die Konradsburg und die Ilsenburg, bereits im Harz lag der Falkenstein. Sie alle haben eine wichtige Rolle in den Kämpfen der Zeit gespielt. Sie boten nicht nur den Rittern und ihrem Tross eine Ausgangsbasis für ihr Handeln, die Kämpfer und die

Merseburg, Neumarktkirche, 1188 als Basilika errichtet, Blick aus dem Chorquadrat (oben), Ansicht in Richtung Osten (unten)

hohen Frauen wollten es auch schön, bequem und wohnlich haben, und – da sie Christen waren – auch gemeinsam beten, Gottesdienste feiern. Also entstanden nicht nur mächtige Mauern und Bergfriede, sondern auch repräsentative Saalbauten (Palasse) und Wohnräume, Gewölbe für Wein und alle Vorräte, Waffenkammern und so weiter, sondern auch Kapellen und kleine Kirchen auf begrenztem Raum. Auch hier benutzte man, wie bei den großen Domen, stets das Kreuz als Grundriss: Gebaut wurde also ein flach gedecktes Langhaus, ein Querhaus, und dort, wo sich die gedachten »Balken« kreuzen, erhob sich die Vierung, über ihr die Kuppel beziehungsweise ein Turm. Am Kopf des Kreuzes, das stets gegen Osten zeigt, liegt die Apsis, unter ihr die Krypta. Wenn es der Platz gestattete, wurden links und rechts des Langhauses Seitenschiffe errichtet, jedes in der halben Breite des Langhauses. Zunächst konstruierten die Meister nur flache Decken, später dann Tonnen- und Kreuzgewölbe, deren Baulast über sinnvolle Anordnungen und Kombinationen von Säulen und Pfeilern abgeleitet wurde. Das Portal befindet sich im Westen, gelegentlich gibt es noch kleinere im Süden und im Norden.

Die frühen Baumeister besaßen Kenntnisse in Physik und Geometrie, sie beherrschten die Gesetze der Statik. Hatten sie Vorbilder? In Frankreich, in den Ländern am Rhein? Wahrscheinlich. Offensichtlich aber ist: Sie besaßen ein eigenes ästhetisches Grundvermögen, auch wenn sie selbst das so nie gesehen, geschweige denn gesagt haben. Ihre Gotteshäuser zeigen nicht die Prachtentfaltung, die späteren Epochen eigen ist. Der Grundsatz lautete: Schlichte Klarheit. Sie gaben einer Idee Gestalt, die damals noch alle überzeugte. Ihre Werke sind Stein gewordener Glaube.

Zahlreiche Bauwerke der frühen Zeit wurden in Auseinandersetzungen zerstört, fielen Plünderungen, Brandschatzungen und späteren Umbauten zum Opfer, nicht selten auch anderen Nutzungsformen. Man sage nicht, dass es so ungewöhnlich wäre, wenn heute ein

Frose, Stiftskirche St. Cyriakus, entstanden um 1170, Blick in Richtung Osten (links); Mittelschiff in Richtung Westen, typische romanische Gliederung mit sächsischem Stützenwechsel, zwei Säulen – ein Pfeiler – zwei Säulen (rechts)

Der Westbau von St. Cyriakus in Frose

Investor in eine Kirche Luxuswohnungen fügt oder ein Kneiper hier sein Bier ausschenkt, in die Sakristei eine Bar einbaut und in einem Hohen Chor statt eines Altars nun eine Kinoleinwand hängt. Solche (Un-)Art hat es bereits früher gegeben. Um 1833 diente die herrliche Krypta der Klosterkirche auf der Konradsburg als Schweinestall, in der von Memleben lagerten Kartoffeln, und die der St.-Wiperti-Kirche in Quedlinburg diente einer Molkerei als Keller …

Die Folgen dieser Frevel wurden längst behoben. Andere sind nicht mehr zu tilgen, aber es hat dennoch manches überdauert, was zu betrachten lohnt. Dazu zählen auf der KONRADSBURG BEI ERMSLEBEN neben der ungewöhnlich reich gestalteten, wohl einmaligen fünfschiffigen Hallenkrypta das Sanktuarium und der Hohe Chor. In ILSENBURG, ursprünglich eine Jagdpfalz der Könige, entstand bis 1018 ein Benediktinerkloster. Das Refektorium der Mönche, sorgfältig restauriert, gleicht einer königlichen Halle. Sehenswert in der 1087 geweihten Kirche ist der reich verzierte Fußboden im Chor, heute eine absolute Seltenheit im deutschsprachigen Raum.

Dicht bei Ilsenburg liegt das ehemalige KLOSTER DRÜBECK, in dem man das erfahren kann, was heute wieder ganz besonders kostbar ist: Stille. Hier darf man nicht nur übernachten, sondern auch freudvoll feiern und sogar heiraten, denn die alten Wirtschaftsgebäude wurden unter anderem zu einem Hotel für jedermann ausgebaut. Vor über tausend Jahren lebten hier Benediktinerinnen, Jahrhunderte später war das Kloster unter anderem Damenstift, Lazarett und auch Erholungsheim. Ab 1990 wurde saniert. Nun sind das gewaltige spätromanische Westwerk der Klosterkirche St. Vitus aus dem 11. Jahrhundert und das Langhaus mit seinen ungewöhnlich starken Pfeilern wieder zu bewundern.

Mächtiges Westwerk und starke Pfeiler … die Benediktinerinnen wussten, dass das Harzvorland noch immer ein Missionsgebiet und nur in Teilen christianisiert war, dass ein Aufstand gegen den

Ermsleben, Kirche des ehemaligen Benediktinerklosters, Ansicht nach Südosten

Hecklingen, Blick in das nördliche Querschiff der ehemaligen Benediktinerinnen-Klosterkirche St. Georg und St. Pankratius

Hecklingen, Klosterkirche St. Georg und St. Pankratius, eine der besterhaltenen Basiliken der Harzregion

Bernburg-Waldau, Dorfkirche St. Stephan aus dem 12. Jahrhundert in charakteristischer Staffelung, Südostansicht (linke Seite)

Nienburg, ehemalige Benediktinerkirche St. Maria und St. Cyprian, Südwestansicht (rechte Seite)

Ilsenburg, Kirche St. Peter und Paul des 1003 gegründeten Benediktinerklosters

Drübeck, Kirche des ehemaligen Benediktinerklosters St. Vitus, Ansicht nach Osten

Im Garten des Klosters Michaelstein

Grundherren, also den Klerus, jederzeit losbrechen konnte. Erst 1525 war es soweit: Aufständische Bauern zerstörten, was sich zerstören ließ, den Rest brannte 1599 eine Räuberbande nieder. Nur das Westwerk und die starken Pfeiler hielten stand.

Die Klostergärten gehören zur Touristenstraße »Gartenträume«, die durch Sachsen-Anhalt führt. Bei meditativen Führungen wird Wissenswertes zur mittelalterlichen Mystik vermittelt. Musik der Zeit gehört dazu. Am schönsten ist es in den engen, abgeteilten Gärten an späten Sommerabenden, wenn die letzten Falter um die Rosen taumeln, die Amseln ihre Dämmerungslieder flöten und plötzlich ruhig werden, weil sie wie die Menschen Geigenklängen lauschen, die um die hohen Mauern schweben.

Das KLOSTER MICHAELSTEIN bei Blankenburg, unmittelbar vor den Harzhöhen, wurde 1147 gegründet und im Bauernkrieg 1525 weitgehend zerstört. Nur wenige Bauteile der Romanik haben spätere Wiederaufbauphasen überstanden. Darunter der Kapitelsaal mit Säulen, bei denen nicht nur die Kapitelle, sondern auch die Kämpfer reich ornamentiert sind. Hier wird deutlich, dass es ausländische Einflüsse gegeben hat, so von lombardischen Künstlern, die im nahen Königslutter bei Helmstedt arbeiteten. In den Gebäuden residiert die Musikakademie Sachsen-Anhalt, eine Kultur- und Forschungsstätte von europäischem Rang. Konzerte gibt es hier rund um das Jahr. Im Sommerhalbjahr hat die Welt der Klänge auch in allen anderen Klöstern, Kirchen und Burgen an der Straße der Romanik eine sichere Heimstatt.

BURG FALKENSTEIN über dem Selketal bei Ballenstedt und dem Flecken Pansfelde ist der einzige Punkt auf der Straße der Romanik, den man nicht mit dem Auto erreichen kann. Ein längerer Fußmarsch ist angesagt, wenn man nicht mit der Kutsche oder einem seelenlosen Shuttle fahren will. Die Burg ist bekannt durch Eike von

Burg Falkenstein, der spitz zulaufende »Schnabelturm« ist eine seltene Besonderheit in der Burgenbaukunst

Repkow, der hier um 1230 seinen »Sachsenspiegel« ins Niederdeutsche übertrug. Nach diesem Grunddokument der europäischen Geschichte wurde noch bis ins 19. Jahrhundert Recht gesprochen.

Der Gesamteindruck der Burg regt alle Sinne an: Der Falkenstein ist die mittelalterliche Burg schlechthin. Sie weist noch Merkmale der profanen Baukunst der Romanik auf, trotz der nach seiner Gründung um 1120 erfolgten Umbauten. Auch wer nicht ausdrücklich darauf hingewiesen wird, spürt: Das Verlies im Fuß des Bergfrieds entspricht dem Original, es gibt wohl keinen Besucher, der in diesen mittelalterlichen Abgrund schaut und nicht erschrickt, kein Mitleid hat mit den Verurteilten, die hier bleiben mussten, bis sie Hungers starben.

Die Stiftskirche GERNRODE, ist in ihrem Erscheinungsbild und ihrer gesamten Substanz das am ursprünglichsten erhaltene Zeugnis romanischer Baukunst im mitteldeutschen Raum. Das Kanonissenstift St. Cyriakus wurde bereits 961 von Markgraf Gero (gestorben 965) gegründet. Er war einer der mächtigsten Männer seiner Zeit und, wie es heißt, die rechte Hand des Kaisers. Im 12. Jahrhundert gehörte Gernrode zu den zu bekanntesten Orten im Reich, hier hielt auch der legendäre Kaiser Friedrich Barbarossa (1122–1190) einen Hoftag. Wie lässt sich erklären, dass in den späteren Jahrhunderten niemand versuchte, die Kirche grundlegend um- und auszubauen, vor allem, dass keine kriegerischen Horden sich an ihr vergriffen haben? War das der Lage des Ortes Gernrode zu danken, der klein und dicht am Wald, fern von den Heerstraßen im Abseits lag? Nein – der Glaubensstärke einer Frau! Bereits 1521, nur vier Jahre nach Luthers Thesenanschlag, zu einer Zeit, als noch nichts entschieden war, bekannte sich die Äbtissin Elisabeth von Weida zur Reformation. Die Stiftskirche des nun freiweltlichen evangelischen Damenstifts wurde eine der ersten protestantischen Kirchen der Welt und in Gernrode 1533 die älteste protestantische Schule in Deutschland errichtet (heute ein

Gernrode, Stiftskirche St. Cyriakus, Südostansicht

Gernrode, Blick in das Langhaus der Stiftskirche

Kulturdenkmal und Museum). Das Stift wurde erst 1616 aufgelöst, über die Kirche aber hielten die kunstsinnigen Fürsten von Anhalt-Bernburg ihre schützenden Hände. Ihr Inneres ist teilweise farbenprächtig ausgemalt – hier kann man erahnen, wie romanische Gotteshäuser einst den Gläubigen erschienen sind. Und dieses hier ist lichtdurchflutet, dafür sorgen die großen Obergaden. Die Bilder (restauriert, teilweise im 19. Jahrhundert nachempfunden) lassen sich »lesen«; das war einst von größter Wichtigkeit, denn die Sprache der Priester – Latein – wurde nur von den Wenigsten verstanden. Man muss sich auch die Musik dazu denken, die Klangwelten des Mittelalters, den Gesang des Klerus und der Chöre. Zwar blieben auch da die Worte unverständlich, aber die Menschen verstanden die Sprache der Töne, zusammen mit den Bildern fügten sie sich zum gläubigen Verständnis.

Von größter Bedeutung ist das reich geschmückte Heilige Grab, eine Nachbildung des Grabes Jesu in Jerusalem mit der umstehenden Trauergemeinde. Es gilt als das älteste seiner Art nördlich der Alpen und als künstlerisch vollendet.

Gernrode ist heute ein Stadtteil von QUEDLINBURG, das nur zwölf Kilometer entfernt liegt. Auf der Quitilingaburg, die der Stadt den Namen gab, haben Heinrich I. und seine Nachfolger geurkundet; hier schlug von 919 bis etwa 1227 das Herz der werdenden Nation. In diesem Zeitraum haben sich auf dem Felsen über der entstehenden Stadt sechzehn Könige und Kaiser aufgehalten. Quedlinburg war Deutschlands Mitte. Am Finkenherd unter dem Schlossberg soll dem Sachsenherzog Heinrich die deutsche Königswürde angetragen worden sein. Das mag zutreffen, wenngleich auch Nebra an der Unstrut und im Harz Goslar und Pölde diese Ehre für sich beanspruchen

Quedlinburg, Blick über den Friedhof der St.-Wiperti-Kirche zum Schlossberg

und Thietmar von Merseburg, der Freund des Königs, etwas anderes berichtet. Der »Fangplatz« ist dennoch bezeichnet und zieht Jahr um Jahr ungezählte Touristen an. 1994 setzte die UNESCO Quedlinburg als Ganzes auf die Liste des Weltkulturerbes. Das ist allein deshalb berechtigt, weil es die Stadt verstanden hat, ihrem Gemeinwesen das unverwechselbare historische Aussehen zu erhalten. Verkehrsgeschüttelte Straßen gibt es in der 90 Hektar großen Altstadt nicht. Sie ist mit etwa 2.100 Fachwerkhäusern aus acht Jahrhunderten das größte Flächendenkmal Deutschlands.

Die Stiftskirche ST. SERVATII auf dem Schlossberg dominiert die Silhouette der Stadt. An ihrer Stelle stand bereits um 850 eine Kapelle, sie wurde bis zur Schlussweihe 1129 schrittweise erweitert und blieb in ihrem Kern fast 900 Jahre unverändert. Erkennbar ist das unter anderem an der flachen Decke der Basilika, den starken Mauern und den massiven Westtürmen. Neun Arkaden mit auffälligem niedersächsischem Stützenwechsel (jeweils einem Pfeiler folgen zwei Säulen) trennen das Langhaus von den Seitenschiffen. Das romanische Säulenportal im nördlichen Seitenschiff ist das älteste in Deutschland. In der Krypta ruhen unter anderem die Gebeine des ersten deutschen Königspaars. Einige der Grabplatten von Äbtissinnen des 10. bis 14. Jahrhunderts sind die ältesten Großplastiken in Deutschland.

Von der Ornamentik, die innen wie außen den gesamten Bau überzieht, weiß man, dass sie das exemplarischste Beispiel der Hochromanik in Deutschland ist. Sie zeigt unter anderem Reliefbänder, Palmetten, Fabelwesen und naturgetreu dargestellte Tiere, darunter an den Kapitellen Adler als Zeichen der Königswürde. In der Schatzkammer wird neben anderen Kostbarkeiten das reich illustrierte »Samuhel-Evangeliar« (um 840–950) ausgestellt, dazu ein Kamm Heinrichs I. und ein Knüpfteppich (um 1184–1203), die älteste textile Arbeit im abendländischen Kulturkreis.

Quedlinburg, Stiftskirche St. Servatius auf dem Schlossberg über der Stadt (links), reich geschmückte Westwand von St. Servatius, unten mit zwei, oben mit vier Rundbogenöffnungen, darunter der zweijochig kreuzgewölbte Vorraum und die Äbtissinenloge (rechts)

Es lohnt sich auch in dieser Kirche, genau auf die Details zu achten. Da gibt es zum Beispiel eine Türklinke. Sie zeigt ein »fabelhaftes« Tier, es schaut archaisch aus und ist ganz blankgewetzt vom Zugriff über die Jahrhunderte. Das ist es nicht. Der Magdeburger Bildhauer Heinrich Apel (*1935) hat ihn geschaffen: den »Schweinehund«. Was ist gemeint? Eine Forderung an manchen Zeitgenossen, den inneren Schweinehund zu überwinden und einzutreten in ein Gotteshaus, das auch ihm etwas zu sagen hat? Ja. In diesen tausendjährigen Räumen wird er aufgefordert zum Nachdenken über seinen Glauben oder Unglauben, sein Verhältnis zu den Menschen und zur sich ständig wandelnden Gesellschaft, über sein eigenes kleines kurzes Leben zwischen Furcht und Hoffnung. Von Heinrich Apel, der an der Restaurierung des Doms in Magdeburg und der Halberstädter Kirchen maßgeblich beteiligt war und einen bemerkenswerten künstlerischen Beitrag auch im Naumburger Dom hinterlassen hat, stammen zudem die humorvoll gestalteten Klinken an der Eingangspforte des *Klosters Unser Lieben Frauen in Magdeburg*. Auch da sollte man eintreten und den Kreuzgang durchschreiten.

In der äußerlich unscheinbaren und etwas abgelegenen WIPERTIKIRCHE, erbaut um das Jahr 1000 bis etwa 1020 auf dem Gelände eines Königshofs, blieb die sehr kleine Krypta (acht mal sechs Meter) original erhalten. Dieser bescheidene Raum ist spärlich ausgeleuchtet: Diffuses Dämmerlicht aus Öllämpchen, die mit der Zeit das Gewölbe schwärzten. So wird es bereits vor tausend Jahren gewesen sein. Auch heute kann man hier eine Kerze anzünden, an einer anderen, die schon brennt – so entsteht ein ewiges Licht. Sein Schein beleuchtet eine bauliche Besonderheit, die es so nirgends mehr gibt: Die schmalen Seitenschiffe laufen in gleicher Höhe vollständig um die Grablege und durch die Apsis. Umgehungskrypta, sagt der Kunsthistoriker.

Krypta der St.-Wiperti-Kirche, bemerkenswert der waagerecht durchlaufende, teilweise mit Schmuckfriesen verzierte Sandsteinarchitrav, für die Stützpfeiler wurden zum Teil Grabsteine verwendet

Halberstadt, ehemalige Klosterkirche Unser Lieben Frauen, kreuzförmige dreischiffige Basilika in Hirsauer Tradition, 1146 von Bischof Rudolph geweiht

Die STADT HALBERSTADT verdankt ihre Gründung Karl dem Großen (742–814); hier entstand ab 804 das erste Bistum auf mitteldeutschem Boden. Der zwischen 1236 bis 1486 erbaute DOM (40), so wie er sich heute präsentiert, ist zwar das stilistisch reinste gotische Bauwerk in Deutschland, doch in einem angefügten Bau wird einer der größten mittelalterlichen Kirchenschätze der Welt bewahrt, der unter vielem anderen auch einmalige Kunstwerke des Zeitalters der Romanik enthält. Darunter sind der Abraham-Engel-Teppich von 1150, hunderte liturgische Gewänder, Skulpturen in Elfenbein, Gold, Bronze, Bergkristall und Holz, sakrale Kunst in ihrer ganzen Vielfalt aus einer Zeit, in der das Christentum noch nicht in Konfessionen aufgeteilt war.

Natürlich sollte man auch den Dom als Ganzes besichtigen, sich aber noch Zeit für die LIEBFRAUENKIRCHE nehmen. Die viertürmige Pfeiler-Basilika neben dem Dom, ihr Grundstein wurde 1105 gelegt, hat, wie die gesamte Stadt, ein bewegtes Schicksal. »Was für Unglücksflammen / schlagen nun zusammen / über Halberstadt? / Was für wilde Wellen / die der Pfuhl der Höllen / ausgelassen hat? [...] / Nun bist du beraubet / wer hätt es geglaubet / aller deiner Pracht. / Wo sind deine Schätze? / Lauter wüste Plätze / sind daraus gemacht.« Das Gedicht wurde vor acht Jahrhunderten geschrieben. Es bezieht sich auf die Zerstörung der Stadt 1179 durch Heinrich den Löwen (1129–1195). Dem folgten Wiederaufbau, bauliche Veränderungen sonder Zahl, Übertünchungen der herrlichen uralten Ausmalung im Sinne frühreformatorischer Schlichtheit, Vandalismus im Siebenjährigen Krieg. Nur Jahrzehnte später beherbergte das Gotteshaus eine Munitionsfabrik und war auch Pferdestall der napoleonischen Truppen. Dass das Verbliebene gerettet werden konnte ist auch dem preußischen Oberlandesbaudirektor Karl Friedrich Schinkel (1781–1841) und seinem König Wilhelm IV. (1795–1861) zu danken. Im April 1945 kam um ein Haar das endgültige Ende: Der Bombenhagel auf Halberstadt legte das ehemalige »Rothenburg des Nordens« nahezu vollständig in Schutt und Asche. Und dennoch, obwohl auch alle Kirchen der Stadt schwer getroffen wurden: In der Liebfrauenkirche blieb Sehenswertes erhalten. Die um das Jahr 1200 entstandenen gemauerten Chorschranken mit den zwölf Aposteln, Christus und Maria (mit den dicken blonden Zöpfen einer deutschen Bäuerin!) in fast lebensgroßer Darstellung und farbig gefasst, wurden bis 2003 restauriert. Sie haben Weltrang.

Am Weg von Halberstadt nach Magdeburg liegen weitere Stätten der Romanik, so die *Burg Wanzleben* mit ihrem Bergfried aus dem 13. Jahrhundert. Aussteigen sollte man unbedingt im Ort SEEHAUSEN IN DER BÖRDE Hier steht eine der ältesten Dorfkirchen des Landes. Errichtet vor 1184 zu Ehren des Heiligen Paulus, sind ihre Mauern bis zur äußersten Turmhöhe mit den romanischen Schalllöchern aus Feld- und Bruchsteinen gefügt. Wer hat diese eiszeitlichen Brocken vor mehr als 800 Jahren von den fruchtbaren Schwarzerde-Äckern der Börde aufgelesen, sie in der Hand gewogen und herangeschleppt? Wer hat bestimmt, an welcher Stelle des entstehenden Gotteshauses sie sinnvoll zu einzufügen sind? Wer waren die Baumeister? Einfache Bauern? Woher hatten sie die Kenntnis, wie die Mauern so zu setzen sind, dass sie Jahrhunderte überdauern? Die gesamte Erscheinung dieser kleinen Kirche mit ihrem starken Westwerk verrät mehr als Gottesfurcht und volkstümliche Verehrung eines Heiligen. Ihr ganz profaner Zweck und ihre Lage auf einem Hügel ist offenkundig: Wehrhaftigkeit, Verteidigung des Glaubens.

Seehausen (Börde), auf einem Hügel im Norden der Stadt liegt die gut erhaltene St.-Pauls-Kirche aus dem 12. Jahrhundert

Gröningen, Blick in das Mittelschiff der ehemaligen Klosterkirche St. Cyriakus, bemerkenswert sind die Stuckreliefs an der Brüstung der Empore

Gröningen, oktogonaler Vierungsturm der Kirche St. Vitus im Ortsteil Klostergröningen

Die KLOSTERKIRCHE ST. VITUS in Gröningen entstand um 940. Noch heute gehört hier ein schlichter Taufstein (um 1200) zur Ausstattung, auch Reste von Wandmalereien sind zu sehen. Dazu kommt an der Emporenbrüstung ein großflächiges Relief, das um 1160 geschaffen wurde. Es zeigt Christus als Weltenrichter, umgeben von Aposteln. Vom Original des Kunstwerks, das heute im Berliner Bode-Museum zu sehen ist, kann es kaum unterschieden werden. Es gilt als das gültigste Werk der Spätzeit des »strengen Stils« der Romanik um 1170.

Ein Problem: Die kleinen Kirchen in den ländlichen Regionen, die einst die Menschen heraus aus ihrem Alltag nahmen und sie im Wortsinn tatsächlich erhoben, können heute kaum mehr offen stehen. Besichtigen kann man sie nur nach rechtzeitiger Anmeldung bei den zuständigen Pfarrhäusern, und die liegen oft nicht mehr direkt im Ort. Seit Jahren ist ein Geistlicher zumeist für eine Handvoll Dörfer zuständig. Das kann nicht verwundern: Sachsen-Anhalt ist das am stärksten entchristianisierte deutsche Bundesland und steht damit sogar in ganz Europa auf dem ersten Platz. Im Sommer 2018 waren hier noch rund 17 Prozent der Einwohner Mitglieder einer der beiden großen Kirchen.

In HAMERSLEBEN ist das anders, obwohl der Ort seine Selbstständigkeit zu Beginn des 21. Jahrhunderts verloren hat und nun zur politischen Gemeinde Am Großen Bruch gehört. Entscheidend war, dass hier ein größerer Teil der Bauern und Bürger über die Jahrhunderte hinweg seinem Glauben treu geblieben und die Kirche St. Pankratius noch immer das Gotteshaus einer lebendigen Gemeinde ist. Sie sorgt dafür, dass der »edelste hochromanische Bau in Mitteldeutschland« in allen seinen faszinierenden Details erhalten bleibt. Dazu gehören die Ornamentik des frühen 12. Jahrhunderts an den Kapitellen der Säulenarkaden des Langhauses und weiteren Bauteilen, die Darstellungen

Hamersleben, Blick von Osten auf die
Stiftskirche St. Pankratius

Pretzien, die Dorfkirche St. Thomas, in der zweiten Hälfte des 12. Jahrhunderts errichtet, besticht durch ihre sorgfältige Bauausführung

von Tieren, Fabelwesen, Kampfszenen und Pflanzen zeigen. Dass sie so gut erhalten sind, grenzt an ein Wunder.

In der Dorfkirche ST. THOMAS IN PRETZIEN bei Magdeburg entstanden um das Jahr 1220 Wandmalereien. Man sieht die Himmelskönigin, diverse Heilige, kluge und törichte Jungfrauen, auch Apostel und Szenen des Jüngsten Gerichts in warmen, unaufdringlichen Farben. Ein Bildprogramm für alle, die nicht lesen konnten, und das traf einst auf beinahe jeden Menschen zu. Da es nur wenige Jahre später – warum auch immer – übertüncht wurde, hat es die Wechselfälle der Geschichte überstanden. Diese Kunstwerke wurden erst um 1975 wiederentdeckt, restauriert und gelten nun als die bedeutendsten romanischen Wandmalereien im mitteldeutschen Raum.

Die Landeshauptstadt MAGDEBURG liegt im Zentrum der Straße der Romanik. Hier ist der Kreuzungspunkt der großen Acht, in der sie durch das Land läuft und das bedeutet: Wer die Straße von hier aus erkunden will, kann sich in alle Himmelsrichtungen auf den Weg machen.

Dass in der mehrfach bis auf die Grundmauern zerstörten Stadt vier mittelalterliche Sakralbauten – zumindest in Teilen – erhalten blieben, sollte man nach den Grausamkeiten des Dreißigjährigen Krieges und dem Bombenhagel des Jahres 1945 kaum glauben. Doch es ist so. Im Zentrum, auf dem Felsen dicht an der Elbe, steht der DOM, die erste Kathedrale auf deutschem Boden. Der Grundstein wurde 937 gelegt, als Otto I. hier ein Benediktinerkloster gründete. In dieser Kirche, die ab 955 kostbar ausgebaut wurde, 1207 abbrannte, bereits zwei Jahre später unter Einbeziehung des alten Baus schrittweise und wesentlich größer wiedererrichtet wurde, hat man ihn 973 bestattet. Heute ruht er im Hohen Chor des gotischen Doms in einem schlichten Sarkophag, den eine antike Platte deckt. Die lateinische Inschrift lautet übersetzt: »Drei Gründe der Trauer sind unter diesem Marmor

Magdeburg, Klosterkirche Unser Lieben Frauen von Südosten (links), und die »Hochsäulige Kapelle«, vermutlich nach 1129 an die nordwestliche Wand des Chors angebaut (rechts)

eingeschlossen: Der König, die Zierde der Kirche, die höchste Ehre des Vaterlandes.«

Der erste Kaiser der Deutschen wurde zwar 962 in Rom gekrönt, denn er hatte 955 auf dem Lechfeld südlich von Augsburg das Reich gegen die Ungarnheere verteidigt und das christliche Abendland gerettet, aber heilig gesprochen wurde er nicht. Vielleicht, weil er auf seiner Vormachtstellung gegenüber dem Papst bestand? Dafür ist er seit Menschengedenken der weltliche Patron der Stadt Magdeburg. Der Schutzpatron von Dom und Bistum aber ist der heilige Moritz, auch Mauritius genannt. Dazu tritt die heilige Katharina. Der Dom trägt beider Namen, sie waren Märtyrer des Glaubens.

»Zierde der Kirche«, das darf man auch ganz gegenständlich sehen. Otto I. hat für seine Kirche Marmorplatten, antike Säulen und Säulenschäfte nicht von den alten Römerstätten am Rhein, sondern aus Italien herbeischaffen und verbauen lassen. Er wollte damit seinen Anspruch untermauern, Nachfolger der römischen Kaiser zu sein. 34 dieser Spolien finden sich noch heute im Hohen Chor, auch in der Marienkapelle und in den Arkaden des nördlichen Querschiffs. Andere aus dem ottonischen Bau wurden an mehreren Stellen des 1520 fertiggestellten Doms einfügt. Es ist die größte Sammlung antiker Bauteile nördlich der Alpen. Jedermann ins Auge fällt am nördlichen Seitenschiff ein gelegentlich als Mini-Kapelle oder Heilig-Grab-Kapelle bezeichnetes sechszehneckiges Gehäuse aus Sandstein. In ihm wird für jeden Besucher sichtbar ein mittelalterliches Bildwerk bewahrt. Es zeigt – wahrscheinlich – Otto I. und Editha, seine erste Frau.

Überhaupt die Frauen der Ottonen. Oft ist von ihnen nicht die Rede, doch ist das Thema durchaus interessant. In Sachsen-Anhalt gibt es das Projekt »Frauenorte«, in dessen Rahmen werden Gedenktafeln angebracht und Denkmale aufgestellt. In Magdeburg, neben der alten Festung am Elbufer und damit unmittelbar am Dom, befindet sich ein wichtiger Erinnerungsort. Er ist eben diesen Frauen gewidmet. In seinen Boden sind Tafeln eingelassen, denen man selten Publiziertes entnehmen kann. Theophanu, die Prinzessin aus Byzanz, wurde als Zwölfjährige dem Kaiser Otto II. angetraut. Eine politische Ehe – nicht ungewöhnlich, vielmehr in dieser Zeit die Regel. Sie gebar ihm als Fünfzehnjährige das erste Kind, eine Tochter wie die nächsten beiden, den Thronfolger – Otto III. – erst 980. Der wurde schon als Dreijähriger König, und sie musste den Unmündigen in diesem Amt vertreten, war also Regentin des Reiches. Und das hat sie, nach allem, was uns überliefert wurde, mit Umsicht, Tatkraft und Intelligenz gemeistert. Als Frau inmitten einer Männergesellschaft! Dass ihr Sohn bereits mit sechzehn Jahren Kaiser wurde, hat Theophanu nicht mehr erlebt; sie starb mit dreißig Jahren. Über ein solches Frauenschicksal darf man schon nachdenken, wenn von den Ottonen die Rede ist. Übrigens: Theophanu, so will es die Legende, hat nicht nur den Nikolaus-Kult in Deutschland eingeführt, sondern auch den Tag des Heiligen zum Anlass genommen, die Kinder zu beschenken.

Über die Ottonen, die ganze Baugeschichte des Doms, zum Teil auch die der anderen romanischen Bauten in Magdeburg (KLOSTER UNSER LIEBEN FRAUEN, UNIVERSITÄTSKIRCHE ST. PETRI) und KATHEDRALE ST. SEBASTIAN kann sich der Besucher am besten im Dommuseum Ottonianum informieren.

Magdeburg als »Hauptstadt« des ottonischen Reiches wurde Ausgangspunkt der anhaltenden Ostexpansion und Christianisierung. Das erforderte zunächst den weiteren Ausbau der schon bestehenden festen Plätze und Burgen auf dem westlichen Ufer der Elbe und im nahen Hinterland, dann aber auch das Vordringen auf das östliche Ufer, die Gründung von Burgen und Klöstern im slawischen Gebiet, in dem bis zum 7. Jahrhundert schon einmal germanische Stämme sesshaft gewesen waren.

Im Magdeburger Dom, Ansicht nach Osten

Die Kirche St. Sebastian besitzt markante barocke Hauben

Die Kirche St. Petri wurde im Stil der Gotik überformt

Nur etwa vierzig Kilometer elbeabwärts liegt das KLOSTER JERICHOW. Es wurde zwischen 1149 und 1250 in drei Bauabschnitten auf dem rechten Ufer, also im Gebiet der Slawen, die damals Wenden genannt wurden, errichtet. Binnen 23 Jahren entstanden in einer Niederung dicht am Fluss zunächst eine dreischiffige Basilika und eine Klausur als Ort des Rückzugs und der Besinnung für die Kanoniker und Laienbrüder vom Orden der Prämonstratenser. Sie blieben unter sich, denn 1241 waren die bis dahin bei diesem Orden üblichen Doppelklöster aufgehoben worden. In denen hatten Frauen und Männer gemeinsam unter einem Dach gelebt, gebetet und gearbeitet. In den Annalen steht: Es gab oft Schwierigkeiten mit der Disziplin ...

In Jerichow wurden im Unterschied zum bislang üblichen Bauen nördlich der Alpen alle Anlagen, selbst feingliedrige Bauelemente, auf einer niedrigen Bruchsteinunterlage aus selbsthergestellten und vor Ort gebrannten Backsteinen errichtet: Zunächst eine dreischiffige, flach gedeckte Basilika mit Krypta, Langhaus, Apsiden, zwei Türmen, Kreuzgang, dann Refektorium (Speisesaal), Dormitorium (Schlafsaal), Scriptorium (Schreibraum), Hospitalium (Gästehaus), Domus informorum (Krankenhaus) usw. Nur von einer Säule in der Krypta heißt es, Kaiser Otto I. hätte sie einst aus Italien mitgebracht. Backsteinern sind auch die meisten Schmuckformen. Die konsequente Verwendung des neuen Baumaterials soll einer Not geschuldet sein. Angeblich wurden alle greifbaren Feldsteine in der Region für das Westwerk des zur gleichen Zeit entstehenden Doms auf dem Burgberg von Havelberg benötigt.

Jerichow, ehemaliges Prämonstratenserstift St. Marien und St. Nikolaus

Heute gilt das Kloster Jerichow – seit 1685 wurde es mehrfach restauriert – allgemein als der älteste und bedeutendste Backsteinbau in Norddeutschland. Da ist es nur konsequent, dass vor wenigen Jahren hier ein Backsteinmuseum eingerichtet wurde. Erklärt wird die gesamte Technologie der Backsteinkunst, vom Stechen des Lehms über das Formen und Brennen bis zu den Hebegeräten und Gerüsten, die es möglich machten, einen solch gewaltigen Bau standsicher zu errichten.

Die Klosteranlagen wurden mehrfach umgewidmet. Hier war es nach der Reformation wie überall im Norden – weltliche Nutzungen, Domänenwirtschaft, Manufakturen, Handwerksbetriebe ... Dennoch: Die wesentliche Bausubstanz hat überdauert, auch mehrere Säulen mit aufwendig gestalteten Kapitellen, schönen Basen und als Zeugnis ursprünglicher Frömmigkeit ein mannshoher Osterleuchter aus dem 12. Jahrhundert. Er ist der älteste erhaltene nördlich der Alpen. Von besonderer Schönheit ist der Kreuzgang. Hier herrscht ein eigenes, mildes Klima, da blühen schon sehr früh die Rosen, sie zeigen selbst zur Weihnacht noch ihre Blüten. »Es ist ein Ros' entsprungen ... mitten im kalten Winter ...« Die poetische Idee zu diesem erst 1599 entstandenen Kirchenlied mag aus diesen Friedhöfen beziehungsweise Gärten inmitten der Kreuzgänge stammen, in denen man auch an der Straße der Romanik des Öfteren wandeln kann.

Im Kloster Jerichow kann man stundenlang verweilen, und man wird immer wieder Entdeckungen machen. Zum Beispiel gibt es ein Portal, das vom Kreuzgang in das Kircheninnere führt. Eine schmale Säule zeigt Dämonen, Blattranken und ein für Schläue, List und Tücke wie Gerissenheit bekanntes Tier: Ein Fuchs in Mönchskutte predigt – zwei Gänsen. Eine schaut ihn an, die andere wendet sich ab. Wie darf das gedeutet werden? Die Gans ist in der antiken, der keltischen, germanischen und slawischen Mythologie positiv besetzt. Sie steht für Treue, Fürsorge, Reinheit, Wachsamkeit und Glaubens-

Jerichow, Klosterkirche St. Marien und
St. Nikolaus, Mittelschiff, Ansicht nach Osten

Jerichow, evangelische Stadtkirche aus der ersten Hälfte des 13. Jahrhundert, Ansicht von Südosten

festigkeit. Sie ist ein Kraft- und Seelentier, sehr sozial, bildet starke Gruppen und verteidigt ihre Jungen aggressiv. Wollte der unbekannte Steinmetz mit dieser kleinen Arbeit sagen: Uns stehen in Gestalt der »Heiden« Geschöpfe gegenüber, die ihre eigenen inneren Werte, ihre Würde haben? Auch gottlos sind sie nicht, sie ehren ihre eigenen Götter, nach unserer Überzeugung sind das allerdings die falschen. Also predigen wir diesen Menschen, denn es heißt nach Matthäus: »Gehet hin in alle Welt und lehret alle Völker.« Doch es wird nicht leicht sein, sie von unserer wahren Lehre zu überzeugen. Also dürfen wir auch List und Tücke nicht verschmähen, denn der Zweck heiligt die Mittel. Dachte der Meister so? Da gibt es einiges zu rätseln. Auf jeden Fall zeugt dieses Beispiel von Sendungsbewusstsein.

Und noch etwas: In der vulgär-marxistischen Geschichtsbetrachtung und der zeitgenössischen Gesinnungsethik sind auch die mittelalterlichen Kleriker nichts anderes als Ausbeuter des unterdrückten Volkes. In Teilen mag das zutreffen, in erster Linie aber waren die Klöster Horte der Gelehrsamkeit und die Nonnen und Mönche Menschen, die den Erkenntnisprozess, die Wissenschaften, die Kultur und viele Künste, auch das Handwerk wesentlich befördert haben. Ihre Bemühungen um die Urbarmachung des Landes, den Ackerbau, die Heilkunde, die Pharmazie und Küchenkunst, das Färben von Textilien und so weiter werden im Kräuter-, Gemüse- und Würzgarten im Klosterareal anschaulich vermittelt.

Das Schicksal des Klosters Jerichow nimmt sich – misst man es an anderen in der Region – weniger dramatisch aus. Das hat seinen Grund. Als es fertiggestellt war, hatte sich die Sicherheitslage im bereits 948 gegründeten Bistum Brandenburg soweit gefestigt, dass in den Siedlungen im Bereich der späteren Städte Genthin und Burg Kirchen als Bollwerke erbaut werden konnten. Burg war im 15. Jahrhundert sehr bedeutend und neben Halle und Magdeburg die drittgrößte Stadt im Erzbistum. ST. NIKOLAI IN BURG ist eine Pfeiler-

Stadt Burg, die Unterkirche St. Nikolai, erstmals 1186 urkundlich erwähnt, Granitquaderbau in vorzüglicher Ausführung, im Wesentlichen unverändert erhalten

basilika, die 1186 erstmals erwähnt wurde und – da sie wehrhaft sein musste – nahezu schmucklos aus Granitquadern errichtet wurde. Dieser Grundcharakter hat sich zum größten Teil erhalten. An der KIRCHE UNSER LIEBEN FRAUEN, ebenfalls 1186 erwähnt, bewahrte lediglich der zweitürmige Westbau noch weitgehend seine ursprüngliche Gestalt.

Zwischen Jerichow und Havelberg liegen mehrere Dörfer, deren Gotteshäuser Reste aus der frühesten Bauzeit zeigen, die aber auch historisch von besonderem Interesse sind. So zum Beispiel ST. MARIEN UND WILLIBROD IN SCHÖNHAUSEN, geweiht 1212. Diese Kirche gilt als der bedeutendste Nachfolgebau der Klosterkirche zu Jerichow, auch sie ist vollständig aus Backstein aufgeführt und besitzt ein imposantes Westwerk. Hier wurde der nachmalige Reichskanzler Otto von Bismarck 1815 getauft. Reste des Bismarck'schen Schlosses und ein entsprechendes Museum liegen dicht beim Gotteshaus.

HAVELBERG auf dem rechten Ufer des Stroms verdankt seine Gründung strategischen Notwendigkeiten: Es liegt direkt im Elbe-Havel-Winkel. Dazu kommt in der sumpfigen Gegend ein hoher Hügel mit einem größeren Plateau und einer vor ihm liegenden Insel. Zusammengenommen bot das einen Brückenkopf im Slawenland, auf dem es sich beständig siedeln ließ.

Die erste Kirche auf dem Berg wurde, kurz vor der Gründung des Bistums Havelberg durch Otto I. 948, von den erbitterten Slawen zerstört, ebenso die Nachfolgebauten. Erst als der Wendenkreuzzug 1147 Erfolge brachte, begann man mit der Errichtung des DOMS ST. MARIEN. Er wurde nach nur 20-jähriger Bauzeit erstmals geweiht, allerdings nicht zur alleinigen Ehre Gottes. Dass dem so ist, fällt schon aus größerer Entfernung auf. Sein Westwerk gleicht einer starken Festung. Überwiegend aufgeführt aus großen Feld- und Hausteinen aus Quarzit, ist es 31 Meter hoch, 30,2 Meter breit, aber nur sechs Meter tief und die wohl konsequenteste Verwirklichung des

sächsischen Westriegels in der deutschen Baukunst. Notwendig war diese Festung, die zugleich als Wohnturm für die weltlichen Würdenträger dienen konnte, unbedingt. Erfahrung macht klug: Zuerst die Herrenburg als Trutz- und Bollwerk, fensterlos und noch ohne Glockengeschoss, dahinter dann die Gottesburg. Das Westwerk erhielt keinen Eingang, nur einen Zugang, wie er an Burgen üblich war. Was heute zu sehen ist, entstand erst in einem späteren Jahrhundert; ein repräsentatives Portal, das der Bedeutung des Gotteshauses würdig wäre, ist das dennoch nicht. Es sollte nur die landesübliche Wegekirche möglich werden, in der man als sündiger Mensch vom dunklen Westen kommend (von dort kam im Verständnis der Zeit alles Böse in die Welt) durchgehen kann bis zum Altar im Osten, dahin also, wo die Sonne aufgeht und Gottes Licht erstrahlt – *ex oriente lux.*

Den ursprünglichen Eingang erreicht man über den südlichen Querbau. Dort liegt das später angefügte Paradies, der Ort der Besinnung, der inneren wie der äußeren Reinigung. Dieser schön gewölbte und gegliederte Vorbau ist, wie der Dom, im Wesentlichen aus Backsteinen errichtet. Unter seinen hohen Gewölben konnten sich die Bewohner der Hütten vor dem Eintritt in die heiligen Hallen, in den Himmel auf Erden, im doppelten Wortsinn erheben.

Der Havelberger Dom: Auch dieses Gotteshaus wurde mehrfach überformt, dennoch ist von seiner ursprünglichen Ausstattung Wertvolles geblieben. So die Triumphkreuzgruppe, entstanden um 1280. Aus späterer Zeit stammen der Lettner (1396) und Teile der mittelalterlichen Verglasung (1320 bis 1330). Bei Sonnenschein sieht man hier hin und wieder – so wie es auch in den Domen von Naumburg und Halberstadt begegnen kann – kleine Kinder, die sich bemühen, das

Havelberg, Dom St. Marien über der Havel

Die Türme der Benediktinerinnen-Klosterkirche St. Laurentius, St. Stephan und St. Petrus in Hillersleben (links oben), gut erhaltene Dorfkirche Melkow vom Ende des 12. Jahrhunderts (rechts oben), Südostansicht der Dorfkirche von Redekin (links unten)

Hundisburg, Wüstung Nordhusen, ehemalige
Dorfkirche um 1200

farbige Himmelslicht in ihren offenen Händen fortzutragen in den nächsten Schatten. Sie staunen, dass ihre »Arbeit« vergeblich ist. Ein gleichnishaftes Bild vom menschlichen Bemühen um Schönheit und dem Wunsch, dass sie von Dauer sei.

Dem 13. Jahrhundert gehören auch einige der 63 Sandsteingrabplatten an. Formvollendet ist der Kreuzgang aus gotischer Zeit. Er umschließt an drei Seiten einen quadratischen, offenen Innenhof, in dem einst die Kleriker begraben wurden. Hier zogen die Chorherren – vorneweg das Kreuz – zweimal am Tag in einer Prozession zur Marienkapelle. Deshalb heißt ein gedeckter, nach innen offener Umgang Kreuzgang.

Das Westwerk war und blieb ein Symbol der Unbesiegbarkeit der Christenheit. Den Wenden stand mit ihm vor Augen, dass es mit den militärischen Mitteln des 12. und 13. Jahrhunderts unmöglich war, das Rad der Geschichte aufzuhalten, geschweige denn, es zurückzudrehen.

Ostelbien – *Germania Slavica* – war und blieb weitere Jahrhunderte Missionsgebiet. Zwei Möglichkeiten gab es, mit den ungeliebten Nachbarn umzugehen: Bekehrung der »Heiden« durch das Wort oder mit dem Schwert. Wer Gottes Wort nicht annahm und in sich bewahrte, galt zumindest als ein dummes Wesen. Die Überzeugung ist versinnbildlicht: Im Chor schaut man auf ein Gestühl aus der Zeit um 1300. Seine Wangen zieren Tierköpfe mit übergroßen Eselsohren, und die zeigen auffällig große Löcher. Eine sehr subtile Mahnung an die Chorherren, sie waren ja die Einzigen, die hier Zutritt hatten, Gottes Wort nicht einfach durch sich hindurchgehen zu lassen, sondern es täglich zu verinnerlichen. Das Sprichwort »Zum einen Ohr hinein, zum anderen hinaus« war also damals schon in Umlauf.

Bei Havelberg gibt es keine Brücke über die Elbe. Es hat sie nie gegeben. Zu sumpfig das Gelände, und über Jahrhunderte war, was in Richtung Westen lag und liegt, wenig bedeutsam. Wer auf der Straße der Romanik weiterkommen will, muss mit der Fähre übersetzen. Problemlos? Oftmals nicht, Hochwasser wechselt sich ab mit Niedrigwasser. Also zurück zur Brücke bei Tangermünde oder nordwärts zu der in Wittenberge.

In SEEHAUSEN sollte man halten. Die Kirche St. Petri, die mit ihren 65 Meter hohen Doppeltürmen auch eine weithin sichtbare Landmarke ist, besitzt ein spätromanisches Stufenportal aus den Jahren ihrer Gründung um 1200. Sehenswert sind auch die zahlreichen Dorfkirchen der Umgebung, so die von BEUSTER, sie ist eine der ältesten Backsteinkirchen in der Altmark. Errichtet wurde sie im 12. Jahrhundert.

In ARENDSEE ist man am nördlichsten Punkt der Straße der Romanik angekommen. Hier bestand von 1184 bis 1813 ein Benediktinerinnen-Kloster und später ein evangelisches Frauenstift. Der Bau der Gesamtanlage am Arendsee (er ist heute der größte in Sachsen-Anhalt) folgte dem Vorbild Jerichows. Während das Kloster bis auf wenige Ruinen im See verschwunden ist, blieb die Kirche aus dem frühen 12. Jahrhundert nahezu vollständig in ihrer originalen Form erhalten. Sie wurde – wie viele Kirchen in der Region – aus Backstein erbaut und ist reich geschmückt. Besonders an der Südseite mit dem mächtigen Portal kann man Wände mit doppeltem Zahnschnitt, Rauten- und Kreuzbogenfriese, unregelmäßige Abtreppungen, kurz, viele Elemente sehen, die nicht nur den Kenner historischer Architektur, sondern auch den Laien ansprechen.

Die Auflösung der Klöster nach der Reformation hatte in vielen Fällen den Abriss der die Kirche umstellenden Gebäude zur Folge. Das muss man nicht bedauern, sie waren schlicht in der Bausubstanz und im Unterschied zu den großen Häusern des Herrn, den Bischofskirchen und Kathedralen, nicht für die Ewigkeit bestimmt. Dafür stehen sie nun frei, können umgangen und aus einer mittleren Distanz in ihrer ganzen Vollkommenheit betrachtet und bewundert werden.

Seehausen in der Altmark, St. Petri (links);
Beuster, die Stiftskirche der Augustiner-
Chorherren wurde im 12. Jahrhundert errichtet

Arendsee, ehemalige Benediktinerinnen-Klosterkirche St. Mariae, St. Johannis und St. Nikolai, Ansicht von Osten

SALZWEDEL verrät bereits durch seinen sprechenden Namen, durch welches Gut die Stadt einst reich und mächtig geworden ist. Der LORENZKIRCHE aus dem 13. Jahrhundert ist das zum Verhängnis geworden – sie diente vierhundert Jahre später längere Zeit als Warenlager der »Königlichen Salzfaktorey«. Das führte zu massiven Schäden am gesamten Backstein-Mauerwerk. Mit viel Glück entging das Gotteshaus dem Abriss, es wurde ab 1860 grundlegend restauriert und von 1961 bis 1964 noch einmal, insgesamt so gut, dass man ihm sein Schicksal kaum noch ansieht. Wer es von außen betrachtet, bemerkt sofort die ungewöhnlich großen Kreisblenden im Giebelfeld und auch die kleineren im oberen Mauerwerk des Langhauses. Diese Lichtführung gibt es sonst nirgends an den Bauten der Romanik in Sachsen-Anhalt. Ungewöhnlich sind auch die schwarzglasierten Backsteine, die vielfach Verwendung fanden. Dass hier wahre Meister am Werk waren, bemerkt man zudem an anderen Backsteinbauten in der Stadt, so am Rathaus und an den alten Stadttoren.

Die Kirchen in den Dörfern *Diesdorf*, *Rohrberg*, *Engersen* und *Wiepke* sind alle wenigstens 800 Jahre alt. Natürlich hat jedes Gotteshaus sein Schicksal, die Stürme der Zeiten haben ihnen zugesetzt, aber alle sind in den letzten Jahrzehnten gesichert, restauriert und wieder mit Leben erfüllt worden. Hier sieht man, was es in den Städten kaum noch gibt: Kirchhöfe. In der Zeit der Romanik wurden – zumindest die Geistlichen und die begüterten Mitglieder der Gemeinden – direkt in der Kirche bestattet, die Vornehmsten in der Krypta beigesetzt, die anderen möglichst dicht beim Altar. Weitere im Innenraum der Kreuzgänge, die heute so gut wie stets Blumengärten sind. Die Gläubigen liefen über die Platten, die die Grüfte deckten. Als diese Platten immer

Salzwedel, Pfarrkirche St. Lorenz von Südwesten

Salzwedel, Pfarrkirche St. Lorenz, Ansicht nach Osten, bemerkenswert die Gliederung von rotem Backstein, weißen Blendnischen und schwarz glasierten Ziegeln

Rohrberg, Dorfkirche aus der zweiten Hälfte des 12. Jahrhunderts

Diesdorf, Augustinerinnenkirche St. Maria und Crucis, eines der besterhaltenen spätromanischen Bauwerke in der Altmark

Jerchel an der »Nebenstraße der Romanik in der Altmark«, flachgedeckter, einschiffiger Backsteinbau, unter Jerichower Einfluss um 1200 entstanden

aufwendiger und mit Reliefs gestaltet wurden, ging das nicht mehr. Sie wurden, wie die Epitaphe des Barockzeitalters, an den Außenwänden aufgestellt, vielfach in den Kreuzgängen, auch den Krypten. Begräbnisse in den Kirchen wurden Anfang des 16. Jahrhunderts untersagt, man wusste nun, dass diese Sitte Seuchen Vorschub leistete. Fortan wurde an den Außenmauern der Gotteshäuser begraben, doch in den Städten verlegte man schon wenig später die so entstandenen Kirchhöfe als Gottesäcker vor die Tore. Kirchhöfe gab es fortan nur noch in den Dörfern. Beim Gang entlang der alten Grabmale in einem Kreuzgang, an der Außenwand einer Dorfkirche, zwischen den Blumenbeeten und Hecken in ihrem Schatten, erfährt man manches Unbekannte aus der Geschichte der Region.

Im Mittelalter und in der frühen Neuzeit hat es auch im heutigen Bundesland Sachsen-Anhalt Tausende Kirchen gegeben. In jeder Stadt, in jedem Dorf. Zusammengenommen boten sie der gesamten Bevölkerung Platz, denn die versammelte sich zum Gebet, zur Andacht und zum Gottesdienst. Vollständig – das war gesellschaftlicher Konsens. Viele Bauten sind im Lauf der Jahrhunderte verfallen, wurden in Kriegen vernichtet, durch Unwetter zerstört, gleichgültig ihrem Schicksal überlassen, abgerissen. Umso erstaunlicher ist es, wie viele sich dennoch erhalten haben – und es gibt eine Kirche, die noch als Ruine vom Glanz und der Größe des Zeitalters der Ottonen kündet. Sie steht in WALBECK, dicht an der Grenze zu Niedersachsen, auf einem Kalksteinfelsen über dem Allertal. Die Stiftskirche, gegründet um 940, verfiel erst im 18. Jahrhundert. Als Steinbruch diente sie nur kurze Zeit, dann blieb sie, wie sie war und wird so bleiben, denn 1980 kam sie auf die Denkmalliste. Walbecks Kanonikerstift war berühmt, hier lebte der Chronist der Ottonen, Thietmar von Merseburg. Er stammte aus dem Haus der Grafen von Walbeck, war ein direkter Nachfahre Karls des Großen und hier um das Jahr 1000 Propst. Er wird noch die Glocke gehört haben, die heute die älteste in ganz Deutschland ist. Sie zählt zu den ganz, ganz wenigen, die in der Folge der Kriege nicht eingeschmolzen wurde. Nach manchem Umweg befindet sich die »Walbecker Glocke« – 68 Zentimeter hoch, 110 Kilo schwer und in Form einer Bienenbeute gegossen – im Depot des Berliner Bode-Museums.

Die Mauern der Kirche wurden vor über eintausend Jahren gefügt. Im ihrem Innenraum wächst Gras. Man kann darüberlaufen und in den Himmel sehen, das Ohr an eine Wand aus Hausteinen legen und lauschen. Wird man etwas hören? Gut möglich. Wer eine Muschel ans Ohr hält, vernimmt ja auch das Rauschen des Meeres. Hier ist es – für jeden, der das Gefühl dafür hat – das leise Rauschen des Mantels der Geschichte.

Walbeck, Ruine der ottonischen Stiftskirche St. Marien, St. Pankratius und St. Anna, Baubeginn um 942

Beuster
Salzwedel
Arendsee
Havelberg
Diesdorf
ALTMARK
Sandau
Rohrberg
Engersen
Schönhausen
Wiepke
Brandenburg
Wust
Melkow
Jerichow
Redekin
Genthin
Niedersachsen
Bebertal
Burg
Walbeck
Hillersleben
Haldensleben
Groß Ammersleben
Seehausen
MAGDEBURG
Loburg
Hamersleben
FLÄMING
Wanzleben
Pretzien
Leitzkau
Dedeleben
Hadmersleben
Bode
Osterwieck
Huysburg
Gröningen
Sachsen-Anhalt
Ilsenburg
Halberstadt
Hecklingen
Nienburg
Elbe
Drübeck
Quedlinburg
Blankenburg
Frose
Bernburg
HARZ
Ermsleben
Gernrode
Ballenstedt
Burg Falkenstein
Saale
Petersberg
Klostermansfeld
Landsberg
Seeburg
Helfta
HALLE
Sangerhausen
Tilleda
Allstedt
Querfurt
Merseburg
Sachsen
Thüringen
Unstrut
Goseck
Freyburg
Memleben
Eckartsberga
Naumburg
Schulpforta
Bad Kösen
Zeitz

ORTSREGISTER

GLOSSAR

■ APOSTEL Die zwölf Weggefährten Christi, die den Glauben in alle Welt trugen.

■ APSIS Bogen oder Wölbung, eine zylindrische Ausbuchtung an der Frontseite einer Mauer, zumeist der östlichen des Chors, gelegentlich auch drei Apsiden, symbolisiert den Himmel.

■ ARKADE Reihe von tragenden Bögen und Pfeilern.

■ BASILIKA Über Säulen und Pfeilern errichteter, ein- oder mehrschiffiger Bau mit flacher Decke, der als Kirche, aber auch als Königshalle oder weltlicher Versammlungsraum diente.

■ CHOR In der Regel der östlichste Teil des Kirchenraumes, hier steht der große Altar. Er wurde stets zuerst gebaut, da dann schon der Gottesdienst gefeiert werden konnte. Vom Kirchenschiff durch Chorschranken oder einen Lettner getrennt.

■ DOM Von lat. *domus* – das Haus. Allgemeine Bezeichnung für eine Bischofskirche, ursprünglich ist damit das Haus Gottes gemeint.

■ GADEN, LICHTGADEN Da die Seitenschiffe zumeist niedriger sind als das Mittelschiff, werden auf den Mauern des Mittelschiffs Fenster eingesetzt, sie erhellen den Innenraum zusätzlich. Mehrere dieser »Oberlichter« bilden eine Reihe (Arkaden).

■ GEWÖLBE Sie sollen die Höhe des Himmels versinnbildlichen. In der frühen Romanik meist Tonnengewölbe. Form wie eine aufgeschnittene Tonne. Völlig aus Stein erbaut, das erzeugt hohen Druck und bedingt dicke Mauern – später oft durch ein Kreuzrippengewölbe ersetzt. Dabei werden zwei Bögen diagonal so gemauert, dass sie sich durchdringen, und zwischen die Bögen werden leichte Ziegel gehängt.

■ GLOCKEN Große Glocken wurden erst ab dem 14. Jahrhundert gegossen, in der Romanik waren sie wesentlich kleiner, dazu gab es Glöckchen und Zimbeln, mit denen zum Gebet gerufen wurde.

■ KÄMPFER Eine massive Steinplatte auf dem oberen Ende einer Säule. Auf ihr ruht der Bogen eines Gewölbes oder eine Mauer. Der Kämpfer dient dazu, die Baulasten besser auf die Säule abzuleiten.

■ KAPITELL Von lat. *caput* – Kopf. Oberer Abschluss einer Säule, meist reich verziert, in der Romanik zumeist als Würfelkapitell.

■ KATHEDRALE Hauptkirche, oft Bischofssitz, im Sprachgebrauch auch Dom oder Münster genannt.

■ KIRCHENSCHIFF Hauptschiff (Langhaus) und Seitenschiffe. Der Begriff deutet an, dass sich die Gläubigen in der Kirche geborgen fühlen dürfen wie auf einem Schiff, das die Menschen aus dem Sturm der Zeiten rettet.

■ KRYPTA Ein Raum, zumeist unter dem Chor. Diente zur Aufbewahrung von Reliquien und als Grablege für hochgestellte Persönlichkeiten.

■ KUPPEL Zumeist über der Vierung gebautes Gewölbe, um den Raum höher, dem Himmel näher erscheinen zu lassen.

■ LETTNER Monumentale Lese- und Sängerbühne, die das Hauptschiff vom Chor trennt. Meist reich ausgestaltet. Wurde nach der Reformation meist abgerissen, nun predigte man in der Mitte der Gemeinde von der Kanzel.

■ LISENE Andeutung eines Pfeilers, gliedert eine Wand. Lisenen haben keine tragende Funktion und besitzen keine Kapitelle.

■ MANDORLA Ein Heiligenschein, der nicht nur das Haupt, sondern den ganzen Körper umgibt. Ist in der Regel Christus vorbehalten.

■ PALMETTE Ornament eines Kapitells, gestaltet nach dem Blatt der Fächerpalme, Symbol des Sieges Christi.

■ RAUTE, OFFENE RAUTE Fenster in Form eines verschobenen Vierecks.

■ SÄULEN Sie tragen – wie die Mauern – die Decken und Gewölbe, haben aber hohen symbolischen Wert, zum Beispiel werden die Apostel (vergleiche dort) als Säulen des Glaubens bezeichnet. Die Enden der Säulen (Kapitelle) sind zumeist reich gestaltet (Pflanzen, Tiere und Ornamente).

■ SPOLIEN Teile antiker Bauwerke, die in neuen Bauten wieder verwendet wurden.

■ STÜTZENWECHSEL Mauerwerk wird von Säulen (rund, schlank) und Pfeilern (rechteckig und stark) gestützt, beide Elemente wechseln sich ab, verbreitet: Säule, Pfeiler, Säule, aber auch sächsisch: Säule, Pfeiler, Pfeiler, Säule. Die Gotik gab das System, das Eintönigkeit vermeiden sollte, auf.

■ TYMPANON Feld unter dem Bogen einer Tür, respektive Portals, meist erhaben verziert mit biblischen Motiven.

■ VIERUNG Quadratischer Kirchenraum vor dem Chor, an dem sich Langhaus und Querhaus durchdringen.

■ ZAHNSCHNITT Reihe aus schräggestellten Ziegelsteinen, um eine Fassade optisch aufzulockern.

■ MICHAEL PANTENIUS geb. 1938, Kulturwissenschaftler und promovierter Historiker, Lektor, Redakteur und Fotograf. Zahlreiche Veröffentlichungen: Romane, Essays, Feuilletons, u. a. zur Geschichte, Kultur und den touristischen Möglichkeiten in Deutschland. Zuletzt: »Trier – Die 99 besonderen Seiten der Stadt«, »Eifel – Die 99 besonderen Seiten der Region«, »Sturmbesonntes Land – Fischland · Darß · Zingst und die Boddenküste« und »Johanna Elisabeth – Fürstin, Spionin und Geliebte – Das Leben der Mutter Katharinas II.« (historischer Roman).

■ SEBASTIAN KAPS geb. 1956, Fotografenmeister, seit über 30 Jahren freiberuflicher Fotograf. Tätig für große Unternehmen und Verlage. Seine große Liebe gehört der Landschaftsfotografie. Mehrere Ausstellungen und Auszeichnungen. Sein fotografisches Wissen gibt Kaps heute in Fotoworkshops weiter.

Umschlagfotos: Landsberg, Doppelkapelle (vorn); Saaletal mit Burgen (hinten oben), Schloss Goseck, Magdeburger Dom, Seehausen (hinten unten, von links)

2019

www.mitteldeutscherverlag.de

Gesamtherstellung: Mitteldeutscher Verlag, Halle (Saale)
Korrektorat: André Schinkel, Halle (Saale)

ISBN 978-3-96311-207-2

Printed in the EU